EDIT DV ROY, portant alienation de quatrevingts ſeize mil liures de Rente, ſur les Aydes. Juin 1633

A PARIS,
Chez PIERRE ROCOLET, au Palais,
Imprimeur & Libraire de la Maiſon
de Ville, aux Armes de la Ville.

M. DC. XXXIV.

EDIT DV ROY, PORTANT alienation de quatre-vingts seize mil liures de Rente, sur les Aydes.

LOVYS par la grace de Dieu, Roy de France, & de Nauarre: A tous presens, & à venir, Salut. Par nostre Edit du present mois nous auons pour les considerations y contenuës, entr'autres choses esteint & supprimé les Offices de Visiteurs & Vendeurs de Bois, Foin, &

Charbon, en noſtre bonne ville de Paris, creez par Edit du mois de Mars, mil cinq cents quatre-vingts trois, & les droicts y attribuez: Et ordonné que ceux qui ont leué les quittances de finance deſdits Offices, ſeroient rembourſez des ſommes par eux payées: Mais les grandes & extraordinaires deſpenſes que nous ſommes obligez de faire pour la cõſeruation de cét Eſtat, & la protection de nos Alliez, ne nous permettant pas de faire ce rembourſement des deniers de noſtre Eſpargne: Nous auons reſolu, pluſtoſt que de ſurcharger nos ſujets d'vne nouuelle impoſitiõ, d'aliener iuſques à quatre vingts ſeize mil liures de noſtre reuenu ordinaire, à prẽdre ſur les deniers de la Ferme Generale de nos Aydes,

Et particulierement sur l'augmentation des droicts qui se leueront en vertu de nostre-dit Edit du present mois, sur tout le bois à bruler, bastir, merrain, ouuré, & non ouuré, vendu & debité en nostredite Ville & Faux-bours de Paris. A CES CAVSES sçauoir faisons, qu'apres auoir mis cét affaire en déliberation en nostre Conseil, où estoient aucuns Princes de nostre Sang, plusieurs Officiers de nostre Couronne, & autres grands & notables Personnages: DE L'ADVIS d'iceluy, & de nostre certaine science, pleine puissance & autorité Royale, Nous auons par nostre present Edit, perpetuel & irreuocable, dit, statué & ordonné, disons, statuons & ordõnons, voulons & nous plaist, que par les Commissaires qui seront par nous députez, il ſoit vendu & aliené à nos chers & bien amez les Preuoſt des Marchands & Eſcheuins de noſtre-dite ville de Paris, iuſques à la ſomme de quatre-vingts ſeize mil liures de rente, annuelle & perpetuelle, à icelle auoir & prendre tant ſur ladite augmentation des droicts qui ſe leueront ſur le bois à bruſler, baſtir, merrain, ouuré, & non ouuré, vendu & debité en la Ville & Fauxbours de Paris, que ſur le reuenu de la Ferme Generale de nos Aydes, que nous auons dés à preſent declarez & declarons ſpecialement & réellement affectez, obligez, & ypotecquez au payement & continüation deſdites rentes, ſans que la ſpeciale deroge à la generale, & la generale à la ſpeciale, outre & par deſſus les ventes

& constitutions qui ont esté faites, tant par nous, que les Roys nos Predecesseurs, & sans prejudice toutesfois d'icelles: Desquels quatre-vingts seize mil liures de rente nous voullons & entendons les ventes & constitutions particulieres estre faites par lesdits Preuost des Marchands & Escheuins, à ceux de nos subjets qui volontairement les voudront acquerir, en payant en deniers comptans le prix principal desdites rentes, à raison du denier seize, dont les deniers seront reçeus par Me François Petit, Receueur General & Payeur des rentes de nostre-dite Ville, assignées sur lesdites Aydes, pour estre par luy mis ès mains du Tresorier de nostre Espargne, qui les employera au payement & remboursement de la finance desdits Offices de Visiteurs & Vendeurs de Bois, Foin, & Charbon, de nostre-dite Ville, ainsi qu'il luy sera ordonné, pour jouyr desdites rentes par les acquereurs d'icelles, leurs hoirs, successeurs, & ayans cause, plainement & paisiblement, en faire & disposer comme de leur propre chose, vray & loyal acquest, en vertu des contracts desdites constitutions qui leur en seront faits & passez par lesdits Preuost des Marchãds & Escheuins, & en estre payez de quatre quartiers par chacun an, de quartier en quartier, par les Receueurs & Payeurs des nouuelles rentes asignez sur lesdites Aydes, creez par nostre Edit du mois de Mars, mil six cents trente-deux, chacun en l'année de son exercice, tout ainsi & en la mesme la mesme forme que se payent lesdites nouuelles rẽtes, en vertu des quittances des acquereurs que nous voulõs estre passées & alloüées en la despense des comptes desdits Receueurs & Payeurs, sans dificulté, sans que lesdites rentes puissent estre cy apres retranchées & moderées, pour quelque cause & occasion que ce soit, ny les acquereurs d'icelles dépossedez, sinon en les remboursant actuellement comptant, & à vn seul payement, des sommes contenuës ausdits contracts, pour lesquelles lesdites constitutions leur auront esté faites, ensemble les arrerages qui leur en seront deubs lors dudit rachapt, frais, & loyaux cousts : Lesquels contracts de constitution nous auons dés à present validez & authorisez, validons

& authorisons par ces presentes, cõme s'ils estoient faits & passez en nostre Conseil: Et d'autant que les frais des comptes desdites nouuelles rentes augmenteront, à cause de la presente alienation, nous auons reiglé les espices d'icelle, taxations, & entretenement de Commis, frais, & reddition desdits comptes, à la somme de quatre mil liures, de laquelle il sera fait fõds auec lesdits quatre-vingts seize mil liures doresnauant par chacun an, à commencer du premier iour de Iuillet prochain, en la despense des estats de ladite imposition, & où le fonds n'en seroit suffisant en l'estat de la Ferme Generale de nos Aydes, pour estre lesdites sommes payées de quartier en quartier par les Fermiers & Adjudicataires d'icelles, aufdits Receueurs & Payeurs desdites nouuelles rentes, asignées sur les Aydes qu'ils employeront au payement de celles de la presente constitution, ainsi qu'il est cy-deuant declaré. Voulons que les deniers du sort principal qui prouiendra de la vente & alienation desdits quatre-vingts seize mil liures de rente, montant à quinze cents trente-six mil liures, à raison du denier seize, soient employez sans aucun diuertissement au remboursement de la finance payée en nos parties Casuelles, pour lesdits Offices de Visiteurs & Vendeurs de Bois, Foin, & Charbon, & droicts y attribuez, suiuant la liquidation qui en sera faite en nostre dit Conseil. SI DONNONS EN MANDEMENT à nos amez & feaux Conseillers les

Gens de nos Comptes, Cour des Aydes à Paris, & autres nos Officiers qu'il appartiendra, que ces presentes ils facent lire & registrer, garder & obseruer, & du contenu en icelles jouyr & vser plainement & paisiblement les acquereurs desdites rentes, leurs hoirs, & ayans cause, faisans cesser tous troubles & empeschements au contraire; Car tel est nostre plaisir. Et affin que ce soit chose ferme & stable à tousiours, nous auons fait mettre nostre séel à cesdites presentes, sauf en autres choses nostre droict, & l'autruy en toutes. Donné à Paris au mois de Iuin, l'an de grace mil six cents trente-trois. Et de nostre regne le vingt-quatriéme, Signé. LOVYS. Et plus bas. Par le Roy. DE LOMENIE. Et à costé. Visa. Et sélllées du grand ſeau de cire verte, en lacs de ſoye rouge & verte. Et au deſſous eſt eſcrit. Leu, publié, & regiſtré en la Chambre des Comptes, ouy le Procureur General du Roy, par le cõmandement de ſa Majeſté, porté par Monſieur le Comte de Soiſſons, Grand Maiſtre de France, ſon Gouuerneur & Lieutenant General en Dauphiné, venu exprés en ladite Chambre, aſiſté du ſieur Duc de Chaulne, & des ſieurs de Leon & Talon, Conſeillers de ſadite Majeſté en ſes Conſeils d'Eſtat & Priué, le vingt-deuxiéme iour de Iuin, mil ſix cents trente-trois. Signé, BOVRLON. Et a coſté eſcrit. Regiſtrées en la Cour des Aydes, ouy le Procureur General du Roy pour eſtre executées ſelon leur forme & teneur, ſuiuant l'Arrest du jourd'huy. A Paris, le treiziéme iour de Fevrier, mil six cents trente-quatre.

Signé,

BOVCHER.

Collationné à l'original par moy Conseiller, Secretaire du Roy & de ses Finances.

A Tovs ceux qui ces presentes Lettres verront; Louys Seguier, Cheualier, Baron de ſaint Briſſon, Seigneur des Ruaulx, & de ſaint Firmin, Conſeiller du Roy noſtre Sire, Gentilhomme ordinaire de ſa Chambre, & Garde de la Preuoſté de Paris, Salut; Sçauoir faiſons que pardeuant Mathurin Fournier, & Claude Boucot, Notaires Gardenotes du Roy noſtre Sire en ſon Chaſtelet de Paris, ſouſſignez: Furent preſens Meſſire Ian Iacques Demeſmes, Cheualier, Seigneur de Roiſſy, Conſeiller du Roy en ſes Conſeils, Meſſire Charles Duret, Cheualier, Seigneur de Chevry, auſſi Conſeiller du Roy en ſes Conſeils,

Controleur General des Finances de France, & President en sa Chambre des Comptes, Messire Iean Aubery, Conseiller du Roy en sesdits Conseils d'Estat, & Priué, Messire Claude Mallier, Cheualier, Seigneur du Houssay, pareillement Conseiller du Roy en sesdits Conseils, & Messire Michel Particelle, Seigneur d'Emery, semblablement Cheualier, Conseiller du Roy en ses Conseils, Intendant des Finances de Frãce, au nom, & cõme Procureurs speciaux dudit Seigneur Roy, par luy commis, ordonnez, & députez pour faire, passer, & accorder, les vendition, cession, transport, obligations, & autres choses cy apres déclarées, comme il est apparu ausdits Notaires par les Lettres Patentes de Procuration de sa Majesté, données à Paris le dix-huitiéme iour des presens mois, & an, signées Louys, & plus bas, par le Roy, Delomenie, & séllées sur simple queuë du grand sel de cire jaulne, qui seront transcrites en la fin des presétes : DISANS lesdits Seigneurs Procureurs, que pour la necessité des affaires de sa Majesté, à cause des grandes, & extraordinaires despenses qu'ell' est obligée de faire pour la conseruation de son Estat, & la protection de ses Alliez, & pour paruenir au remboursement des Offices de Visiteurs, & Vendeurs de Bois, Foin, & Charbon, en cette ville de Paris, creez par Edit du mois de Mars, mil cinq cents quatre-vingts trois, lesquels, auec les droits y attribuez, ont esté supprimez, & estaints, par Edit du mois de Iuin, mil six cents trente-trois, dernier passé : Et ordonné que ceux qui ont leué les quittances de Finance desdits Offices, seroient remboursez des sommes par eux payées: Sadite Majesté n'auroit trouué plus prompt moyen, sans charge, & foule de ses sujets, que de vendre, & aliener au denier seize, iusques à la somme de quatre-vingts seize mil liures tournois de rente, à Messieurs les Preuost des Marchands, & Escheuins de cette-dite ville de Paris, pour les reuendre aux particuliers habitans de ladite Ville, & autres ses sujets, qui en voudront acquerir de gré à gré, à icelle rente auoir & prendre, tant sur l'augmentation des droits qui se leueront sur le bois à bruler, bastir, merrain, ouuré, & non ouuré, vendu, & débité en cette-dite Ville, & Fauxbours de Paris, que sur le reuenu de la Ferme Generale des Aydes de France, outre, & par dessus les Ventes & Constitutions qui ont cy-deuant esté faites, tant par sadite Majesté, que les Roys ses Predecesseurs: Lesquels droits sadite Majesté a specialement, & réellement affectez, obligez, & ypothequez au payement, & continüation, desdits quatre-vingts seize mil liures tournois de rente, ainsi qu'il est particulierement porté par l'Edit que sadite Majesté en à fait expedier audit mois de Iuin dernier, verifié où besoin a esté: Pour faire laquelle Vente & Constitution, sadite Majesté auroit ordonné, commis, & deputé lesdits Seigneurs Procureurs dessus nommez, ausquels elle auroit donné plain pouuoir, puissance, authorité, Commission, & mandement special, de pour & en son nom faire vente, cession, transport, & alienation ausdits sieurs Preuost des Marchands, & Escheuins, de ladite somme de quatre-vingts seize mil liures de rente, pour le recouurement de la somme de quinze cents trente-six mil liures tournois, à prendre sur lesdits droits, comme dessus est dit: Pour par lesdits Sieurs Preuost des Marchands, & Escheuins, vendre, & constituër rentes à toutes personnes qui en voudront acquerir de gré à gré, à raison du denier seize, iusques à ladite somme de quatre-vingts seize mil liures tournois de rente, à commencer à jouyr par les Acquereurs du fait &

cours de leurs Conſtitutions, du iour qu'ils auront fourny leurs deniers és mains de Mᵉ François Petit, Receueur General, & Payeur des Rentes de ladite Ville, aſsignées ſur leſdits Aydes, Commis par ſadite Majeſté à la recepte des deniers de ladite Conſtitution, à la nomination deſdits Sieurs Preuoſt des Marchands, & Eſcheuins, & eſtre doreſnauant payez par chacun an, és quatre quartiers, quinze iours apres chacun d'iceux eſcheu, par les Receueurs & Payeurs des nouuelles Rentes de ladite Ville, aſsignées ſur leſdits Aydes, creez par Edit du mois de Mars, mil ſix cents trente-deux, & leurs ſucceſſeurs eſdites charges, ou le Commis au payement d'icelles: Lequel payement ſadite Majeſté veut eſtre fait ainſi qu'il ſe pratique pour leſdites nouuelles Rentes, & que le payement deſdits quatre-vingts ſeize mil liures tournois de rente ſoit continüé & fait par les quatre quartiers de l'année entierement, ſans qu'icelles Rentes, ny partie d'icelles, puiſſent eſtre retranchées, moderées, ny ledit payement reculé, & retardé, pour quelque cauſe que ce ſoit, les deniers deſquelles Conſtitutions qui ſeront reçeus par ledit Petit, ſeront par luy mis és mains de Monſieur le Treſorier de l'Eſpargne, pour les employer ainſi qu'il luy ſera ordonné: Pour ſeureté du payement deſquelles Rentes, le Fermier de ladite augmentation des droits qui ſe leueront ſur le bois à bruler, baſtir, merrain, ouuré, & non ouuré, vendu, & debité en cette dite

Ville, & Fauxbours de Paris, & ses successeurs, s'obligeront, & bailleront caution ausdits Sieurs Preuost des Marchands, & Escheuins, de fournir ausdits Receueurs, & Payeurs desdites nouuelles Rentes, par chacun an, ladite somme de quatre-vingts seize mil liures, ensemble la somme de quatre mil liures tournois, à quoy sadite Majesté a reglé les espices, façon, & redition de compte, doubles d'iceux, entretenement de Commis, & autres frais qu'il conuient faire pour le payement desdites Rentes: Laquelle somme ne pourra estre augmentée, ne diminüée, pour vne plus grãde, ou moindre quantité de feüillets des comptes de ladite Constitution, lesquels seront faits, & dressez, conformément audit Edit de création desdits Offices de Payeurs des nouuelles Rentes dudit mois de Mars, mil six cents trente-deux : Et à ce faire seront lesdits Fermiers, leurs cautions, & certificateurs, contraints comme pour les propres deniers, & affaires de sa Majesté: Et pour cét effet sadite Majesté veut, & entend, que dans les estats de ladite imposition, & reuenu general desdites Aydes; il soit par chacun an employé en despense lesdits quatre-vingts seize mil liures tournois, ensemble lesdits quatre mil liures tournois, pour les espices, façon, & reddition dudit compte, entretenement de Commis, & autres frais: Les Constitutions desquels quatrevingts seize mil liures tournois de rente qui seront constituez ausdits particuliers par

par lesdits Sieurs Preuost des Marchands, & Escheuins, sadite Majesté a dés à present, comme pour lors agréées, icelles ratifiées, & approuuées ainsi qu'il sera plus amplement conuenn, & accordé, par lesdits Seigneurs Procureurs, le tout ainsi qu'il est contenu & declaré par lesdites Lettres de Procuration : Et pour les frais qu'il conuiendra faire audit Petit pour la Recette, & despense du prix principal de ladite Constitution, espices, façon, & redition de compte qu'il rendra en ladite Chambre des Comptes, il sera pour cét effet laissé fonds necessaire des deniers qui prouiendront de ladite Constitution, ensemble pour les salaires des Notaires qui passeront lesdits contrats, lesquels sadite Majesté a reiglez, & taxez, à douze liures tournois pour chacun contrat, y compris les vacations, & doubles, qu'ils en bailleront audit Petit: En vertu, & en ensuiuant lesquelles Lettres de Procuration, lesdits Seigneurs Procureurs audit nom, recogneurent, & confesserent, & par ces presentes confessent auoir vendu, cedé, quitté, transporté, & delaissé, vendent, cedent, quittent, transportent, & délaissent dés maintenant à tousiours, & promettent audit nom, garentir de tous troubles, & empeschemens, generalement quelconques, fournir, & faire valoir, à Messire Michel Moreau, Conseiller du Roy en ses Conseils d'Estat, & Priué, Lieutenant Ciuil de la Preuosté, & Vicomté de Paris, Preuost des Marchands; Nobles hommes Hilaire Marces, Conſeiller au Chaſtelet de Paris, Ian Bazin, Sieur de Chaubuiſſon, Conſeiller de la Ville, Ian Garnier, Bourgeois, & Iacques Doujat, Conſeiller, & Secretaire de ſa Majeſté, Eſcheuins de la ville de Paris, à ce preſens, Achetteurs, & Acqueſteurs, tant pour & au nom de ladite Ville, que des Bourgeois, Manans, & Habitans d'icelles, & autres auſquels ſeront conſtituez Rentes, leurs hoirs, & ayans cauſe, quatre-vingts ſeize mil liures tournois de Rente, & reuenu annuel, à iceux auoir, & prendre, tant ſur ladite augmentation deſdits droits qui ſe leueront ſur ledit bois à bruler, baſtir, merrain, ouuré, & non ouuré, vendu, & débité en ceſte dite Ville, & Fauxbourgs de Paris, que ſur le reuenu de ladite Ferme Generale desdites Aydes, outre & par dessus lesdites Ventes, & Constitutions, qui ont cy deuant esté faites, tant par sadite Majesté, que les Roys ses Predecesseurs, pour par lesdits Sieurs Preuost des Marchands, & Escheuins, vendre, & constituër Rentes à toutes personnes qui en voudront acquerir de gré à gré sur ladite assignation, à raison du denier seize, iusques à ladite somme de quatre-vingts seize mil liures tournois de Rente, & reuenu annuel, reuenant le principal à ladite somme de quinze cents trente-six mil liures tournois: Laquelle Rente de quatrevingts seize mil liures tournois, lesdits Seigneurs Procureurs audit nom, ont promis, & promettent garentir, fournir, & faire valoir aufdits Sieurs Preuoft des Marchāds, & Efcheuins, fous la faculté toutesfois du rachat perpetuel, les deniers prouenans defquelles Conftitutions feront mis par les Acquereurs d'icelles, és mains dudit Sieur Petit, pour eftre par luy mis és mains dudit Sieur Threforier de l'Efpargne, pour les employer ainfi qu'il luy fera ordonné, pour defdits quatre-vingts feize mil liures tournois de Rente, jouyr par lefdits Acquereurs, leurs hoirs, fucceffeurs, & ayans caufe, du iour & datte des Conftitutions qui leur en feront paffées pardeuant Notaires, par lefdits Sieurs Preuoft des Marchands, & Efcheuins: Cette vente, cefsion, & tranfport faits, moyennant la fomme de quinze cents trente-fix mil liures tournois, que lefdits

Sieurs Preuoſt des Marchands, & Eſcheuins, audit nom, ont promis, & promettent fournir, bailler, & déliurer au Threſorier de l'Eſpargne dudit Seigneur Roy, au fur, & ainſi que les deniers prouenans deſdites Conſtitutions de Rente, ſe reçeuront par eux, ou par ledit Petit, Commis, nommé, & preſenté à ſadite Majeſté par leſdits Sieurs Preuoſt des Marchands, & Eſcheuins, des Bourgeois, Manans, & Habitans de ladite Ville, & autres qui les voudront fournir de gré à gré, ſans aucune contrainte, auſquels ſeront par leſdits Sieurs Preuoſt des Marchands, & Eſcheuins, conſtituez leſdites Rentes: Et a eſté accordé, que les Rentes qui ſeront particulierement conſtituées par leſdits Preuoſt des Marchands, & Eſcheuins, auant la ratification de ſadite Majeſté, du preſent contrat, & enregiſtrement d'icceluy où beſoin ſera, auront cours du iour que les deniers auront eſté fournis par les Acquereurs d'icelles, & que leſdits Acquereurs ſeront payez par leſdits Receueurs, tout ainſi que ſi leurſdits contrats auoient eſté faits, & paſſez, depuis ladite ratification, & enregiſtrement dudit contrat : Leſquelles Rentes iceux Preuoſt des Marchãds, & Eſcheuins, ſeront tenus conſtituër ſur ladite augmentation deſdits droits, enſemble ſur le reuenu de ladite Ferme Generale deſdites Aydes, ainſi qu'il eſt cy-deſſus declaré, ſans que la generale obligation déroge à la ſpeciale, ne la ſpeciale à la generale, iuſques à ladite ſomme de quatre-vingts ſeize mil liures tournois de Rente, & les faire payer, & continuër par chacun an, és quatre quartiers, quinze iours apres chacun d'iceux eſcheu, par leſdits Receueurs, & Payeurs deſdites nouuelles Rentes de ladite Ville, aſsignées ſur leſdits Aydes, creez par ledit Edit du mois de Mars, mil ſix cents trente-deux, & leurs ſucceſſeurs eſdites charges, ou le Commis au payement d'icelles : Lequel payement ſadite Majeſté veut eſtre fait ainſi qu'il ſe pratique pour leſdites nouuelles Rentes, & que le payement deſdits quatre-vingts ſeize mil liures de Rente ſoit continüé, & fait par les quatre quartiers, de l'année entierement, ſans qu'icelles Rentes, ny partie, puiſſent eſtre retranchées, moderées,

rées, ny ledit payement reculé, & retardé, pour quelque cause que ce soit : Pour seureté du payement desquelles Rentes, le Fermier de ladite augmentation des droits qui se leueront sur ledit bois à bruler, bastir, merrain, ouuré, & non ouuré, vendu, & débité en cette dite Ville, & Fauxbours de Paris, & ses successeurs, s'obligeront, & bailleront caution ausdits Sieurs Preuost des Marchãds, & Escheuins, de fournir ausdits Receueurs, & Payeurs desdites nouuelles Rentes, par chacun an, de quartier en quartier, quinze iours apres chacun d'iceux escheu, ladite somme de quatre-vingts seize mil liures tournois, ensemble la somme de quatre mil liures tournois, à quoy sadite Majeést a reglé les espices, façon, & redition de compte, doubles d'iceux, entretenement de Commis, & autres frais qu'il conuient faire pour le payement desdites Rentes: Laquelle somme ne pourra estre augmentée, ne diminüée, pour vne plus grande, ou moindre quantité de feüillets des comptes de ladite Constitution, lesquels seront faits, & dressez, conformément audit Edit de création desdits Offices de Payeurs des nouuelles Rentes dudit mois de Mars, mil six cents trente-deux: Et à ce faire seront lesdits Fermiers, leurs cautions, & certificateurs, contraints comme pour les propres deniers, & affaires de sadite Majesté: Et pour cét effet sadite Majesté veut, & entend, que dans les estats de ladite imposition, & reuenu general desdits

Aydes, il ſoit par chacun an employé en deſpenſe leſdits quatre-vingts ſeize mil liures tournois, enſemble leſdits quatre mil liures tournois, pour les eſpices, façon, & redition dudit cõpte, entretenement de Commis, & autres frais : Et pour les frais qu'il cõuiendra faire audit Petit, pour la recette, & deſpenſe de ladite sõme de quinze cents trente-ſix mil liures tournois, eſpices, façon, & redition de compte, qu'il rẽdra en ladite Chãbre des Comptes, il luy ſera pour cét effet laiſſé fonds neceſſaire des deniers qui prouiẽdront de ladite Conſtitution, enſemble pour les ſalaires des Notaires qui paſſeront leſdits contrats, leſquels ſadite Majeſté a reglez, & taxez, à douze liures tournois pour chacun contrat, y compris les vacations, & doubles qu'ils en bailleront auſdits Sieurs Preuoſt des Marchands, & Eſcheuins, & audit Petit, & encores pour les ſalaires, & vacations deſdits Sieurs Preuoſt des Marchands, & Eſcheuins, & taxations dudit Petit: Laquelle Rente de quatre-vingts ſeize mil liures tournois, ledit Seigneur Roy a reſerué de pouuoir redimer, & rachetter, en rendant, & rembourſant auſdits Sieurs Preuoſt des Marchands, & Eſcheuins, ou leurs ſucceſſeurs eſdits eſtats, ladite ſomme de quinze cents trente-ſix mil liures tournois, en l'acquit, & deſcharge, deſdits quatre-vingts ſeize mil liures tournois de rente, ſans aucune choſe leur précompter, & rabatre, des frais, & leuées deſdites Rentes, ny aux Acquereurs d'icelles: En fourniſſant laquelle ſomme de quinze cents trente ſix mil liures tournois par leſdits Sieurs Preuoſt des Marchands, & Eſcheuins, ou Petit, audit Sieur Threſorier de l'Eſpargne, iceux Sieurs Preuoſt des Marchands, & Eſcheuins, & Petit, en ſeront, & demeureront quittes, & deſchargez enuers ledit Seigneur Roy, & tous autres, & les ont dés à preſent, comme pour lors, leſdits Seigneurs Procureurs audit nom, quittez, & deſchargez, quittent, & deſchargent par ces preſentes: Et lequel preſent contrat de vendition; & tout le contenu en iceluy, leſdits Seigneurs Procureurs audit nom, promettent faire tenir, & entretenir, ratifier, & approuuer par ledit Seigneur Roy, ou ſes ſucceſſeurs Roys, & en faire expedier Lettres de Ratification dudit Seigneur, & le tout faire lire, publier, & enregiſtrer en ladite Chambre des Comptes, & Cour des Aydes, tranſportans par leſdits Seigneurs Procureurs audit nom, auſdits Sieurs Preuoſt des Marchãds, & Eſcheuins, tous droits, noms, raiſons, & actions, que ledit Seigneur Roy a, & peut auoir, ſur leſdites choſes venduës, & alienées, comme dit eſt, dont ils ſe ſont deſſaiſis, démis, & déueſtus, pour, & au profit deſdits Sieurs Preuoſt des Marchands, & Eſcheuins, voulans, & conſentans qu'ils en prennent la poſſeſsion, & jouyſſance réelle, & actuelle: Promettans leſdites parties eſdits noms, auoir agreable le contenu en ces preſentes, ſans y contreuenir, ains rendre, & payer l'vne d'elles à l'autre, tous cousts, frais, mises, despens, dommages, & interests, qui faits, & encourus seroiét par défaut de l'entretenement, & accomplissement de ce que dessus, & en ce pourchassant, & requerant sous l'obligation, & ypotheque de tous, & chacuns les biens, & reuenus dudit Seigneur Roy, & de ceux de ladite Ville, qu'elles chacun en droit soy, lesdits Seigneurs Procureurs audit nõ, en ont sousmis, & sousmettent, à la Iustice, Iurisdiction, & contrainte de ladite Preuosté de Paris, & de toutes autres Iustices, & Iurisdictions, ou sçeus, & trouuez seront, & renoncerent en ce faisant à toutes choses à ce contraires, & au droit, disant generale renonciation non valoir. EN tesmoin de ce, nous à la relation desdits Notaires, auons fait mettre le ſel de ladite Preuoſté de Paris à ceſdites preſentes, qui furent faites, & paſſees, au Chaſteau du Louure, l'an mil ſix cens trente quatre le vingtdeuxiéme iour de Feurier auant midy. Enſuit la teneur deſdites Lettres de Procuratiõs, dont cy deſſus eſt fait mention, demeurées pardeuers leſdits ſieurs Preuoſt des Marchands, & Eſcheuins.

LOVYS par la grace de Dieu, Roy de France, & de Nauarre; A nos amez, & feaux Conſeillers, en noſtre Conſeil d'Eſtat, les Sieurs de Roiſſy, de Leon, & Aubery, Salut; Par noſtre Edit du mois de Iuin dernier, & pour les cauſes y contenuës, nous auõs ordonné que par perſonnes qualifiées, qui ſeront par nous

commis

Commis, & deputez, il ſera vendu, & aliené aux Preuoſt des Marchãds, & Eſcheuins, de noſtre bonne ville de Paris, iuſques à la ſomme de quatre-vingts ſeize mil liures tournois de rente, annuelle, & perpetuelle, à icelle auoir, & prendre, tant ſur l'augmentation des droits qui ſe leueront ſur le bois à bruler, baſtir, merrain, ouuré, & non ouuré, vendu, & debité en la Ville, & Faux-bours de Paris, que ſur le reuenu de la Ferme Generale de nos Aydes, outre, & par deſſus les Ventes, & Conſtitutions qui ont cy-deuant eſté faites, tant par nous, que les Roys nos Predeceſſeurs: Leſquels droits nous auons ſpecialement, & réellement affectez, obligez, & ypothequez au payement, & continüation deſdits quatre-vingts ſeize mil liures de rente, ainſi qu'il eſt plus particulierement porté par ledit Edit: Pour l'execution duquel, eſtant beſoin de commettre perſonnes de qualité: A CES CAVSES nous vous auõs commis, ordonnez, & députez, ordonnons, & députons par ces preſentes, ſignées de noſtre main, nos Procureurs ſpeciaux, pour enſemblement ou deux de vous, en l'abſence des autres, faire en noſtre nom, vente, ceſſion, tranſport, & alienation à faculté de rachat perpetuel, auſdits Preuoſt des Marchands, & Eſcheuins de noſtre dite ville de Paris, deſdits quatre vingts ſeize mil liures tournois de rente, annuelle, & perpetuelle, au denier ſeize, à icelle auoir, & prendre comme dit eſt, tant ſur l'augmenta-

ution des droits qui se leueront sur le
bois à bruler, bastir, merrain, ouuré,
& non ouuré, vendu, & débité en la-
dite Ville & Fauxbours de Paris, que
sur le reuenu de la Ferme Generale
de nos Aydes, pour par lesdits Pre-
uost des Marchands, & Escheuins,
vendre, & constituër Rentes à toutes
personnes qui en voudront acquerir
de gré à gré, sur ladite asignation, à
raison du denier seize : Et les deniers
qui prouiendront des Ventes, &
Constitutions particulieres qui se-
ront ainsi faites, reçeus par Me Fran-
çois Petit, Receueur General, & Pa-
yeur des Rentes de nostre dite ville
de Paris, asignées sur lesdits Aydes,
par nous Commis à la nomination
desdits Preuost des Marchands, &
Escheuins, pour estre par luy mis és

mains du Thresorier de nostre Espargne, qui les employera ainsi qu'il luy sera ordonné, pour desdits quatre vingts seize mil liures de rente, jouyr par lesdits Acquereurs, leurs hoirs, successeurs, ou ayans cause, du iour & datte des Constitutions qui leur en seront passées pardeuant deux Notaires du Chastelet de Paris, par lesdits Preuost des Marchands, & Escheuins, & estre payez par chacun an, és quatre quartiers, quinze iours apres chacun d'iceux escheu, par les Receueurs, & Payeurs, des nouuelles Rentes de ladite Ville, assignées sur lesdits Aydes, creez par ledit Edit du mois de Mars, mil six cents trente-deux, & leurs successeurs esdites charges, ou le Commis au payement d'icelles : Lequel payement nous voulons eſtre fait ainſi qu'il ſe pratique pour leſdites nouuelles Rentes, & que le payement deſdits quatre-vingts ſeize mil liures de rente ſoit continüé, & fait par les quatre quartiers, de l'année entierement, ſans qu'icelles Rentes, ny partie, puiſſent eſtre retranchées, moderées, ny ledit payement reculé, & retardé, pour quelque cauſe que ce ſoit : Pour ſeureté du payement deſquelles Rentes, le Fermier de ladite augmentation des droits qui ſe leueront ſur le bois à bruler, baſtir, merrain, ouuré, & non ouuré, vendu, & débité en ladite Ville, & Fauxbours de Paris, & ſes ſucceſſeurs, s'obligeront, & bailleront caution auſdits Preuoſt des Marchands, & Eſcheuins, de fournir auſdits Receueurs, & Payeurs desdites nouuelles Rentes, par chacun an, ladite somme de quatre-vingts seize mil liures tournois, ensemble la somme de quatre mil liures, à quoy nous auons reglé les espices, façon, redition de comptes, doubles d'iceux, entretenement de Commis, & autres frais qu'il conuient faire pour le payement desdites Rentes : Laquelle somme ne pourra estre augmentée, ne diminüée, pour vne plus grande, ou moindre quantité de feüillets des comptes de ladite Constitution, lesquels seront faits, & dressez, conformément audit Edit de création desdits Offices de Payeurs des nouuelles Rentes, du mois de Mars, mil six cents trente-deux: Et à ce faire seront lesdits Fermiers, leurs cautions, &

certificateurs, contraints comme pour nos propres deniers, & affaires: Et pour cét effet nous voulons, & ordonnons, que dans nos estats de ladite imposition, & reuenu general de nosdits Aydes, il soit par chacun an employé en despense lesdits quatre-vingts seize mil liures, ensemble lesdits quatre mil liures, pour les espices, façon, & redition dudit compte, entretenement de Commis, & autres frais: Lesquels quatrevingts seize mil liures de rente, qui seront constituez ausdits particuliers par lesdits Preuost des Marchands, & Escheuins, les Constitutions qui seront ainsi faites nous auons dés à present, comme pour lors agréées, icelles ratifiées, & approuuées, ratifions, & approuuons par ces preſentes, ainſi qu'il ſera par noſdits Procureurs plus amplement conuenu, & accordé: Et pour les frais qu'il conuiendra faire audit Petit, pour la recette, & deſpenſe du prix principal de ladite Conſtitution, eſpices, façon, & redition du compte qu'il rendra en noſtre-dite Chambre des Comptes, il luy ſera pour cét effet laiſſé fonds neceſſaire des deniers qui prouiendront de ladite Conſtitution, enſemble pour les ſalaires des Notaires qui paſſeront leſdits contrats, leſquels nous auons reglez, & taxez, à douze liures tournois pour chacun contrat, y compris les vacations, & doubles qu'ils en bailleront audit Petit, & encores pour les ſalaires, & vacations deſdits Preuoſt des Marchands, & Eſcheuins, & taxations

tions dudit Petit : Pour ſeureté de toutes leſquelles choſes ſuſdites, vous paſſerez tous cõtrats, & autres actes neceſſaires : De ce faire, & accomplir, vous auons donné, & donnons pouuoir, puiſſance, authorité, & mandement ſpecial. PROMETTONS en foy, & parole de Roy, par ces preſentes, ſous l'obligation, & ypotheque, de tous, & chacuns nos reuenus de la Ferme de ladite impoſition, & Ferme Generale de nos Aydes, que nous auons pour cét effet affectez, & obligez, à noſtre-dite ville de Paris, & Particuliers, qui fourniront leurs deniers pour leſdites Conſtitutions, auoir agreable, ferme, & ſtable, tout ce que par vous aura eſté fait, & paſſé, & en faire expedier toutes Lettres de ratification, indemnité, & autres

ſeuretez neceſſaires; Car tel eſt no-
ſtre plaiſir. Donné à Paris le dix-hui-
tiéme iour de Feurier, l'an de grace,
mil ſix cents trente-quatre, & de no-
ſtre regne le vingt-quatriéme, ainſi
ſigné, Louys, & plus bas, par le Roy,
Delomenie, & ſellé ſur ſimple queuë
de cire jaulne. LOVYS par la grace
de Dieu, Roy de France, & de Na-
uarre; A nos amez, & feaux Con-
ſeillers, en noſtre Conſeil d'Eſtat,
les Sieurs de Chevry, Conſeiller au-
dit Conſeil, & Controleur General
de nos Finances, du Houſſay, de
Noyers, & d'Emery, auſsi Conſeil-
lers audit Conſeil, & Intendant de
nos Finances, Salut; Par noſtre Edit
du mois de Iuin dernier, & pour les
cauſes y contenuës, nous auons or-
donné que par perſonnes qualifiées,

qui feront par nous commis, & députez, il fera vendu, & aliené aux Preuoſt des Marchands, & Eſcheuins, de noſtre bonne ville de Paris, iuſques à la ſomme de quatre-vingts ſeize mil liures de rente, annuelle, & perpetuelle, à icelle auoir, & prendre, tant ſur l'augmentation des droits qui ſe leueront ſur le bois à bruler, baſtir, merrain, ouuré, & non ouuré, vendu, & débité en la Ville, & Fauxbours de Paris, que ſur le reuenu de la Ferme Generale de nos Aydes, outre, & par deſſus les Ventes, & Conſtitutions qui ont cy-deuant eſté faites, tant par nous, que les Roys nos Predeceſſeurs: Leſquels droits nous auons ſpecialement, & réellement affectez, obligez, & ypothequez au payement, & continüation desdits quatre-vingts seize mil liures de rente, ainsi qu'il est plus particulierement porté par ledit Edit: Pour l'execution duquel, estant besoin de commettre personnes de qualité: A CES CAVSES nous vous auons commis, ordonnez, & députez, ordonnons, & députons par ces presentes, signées de nostre main, nos Procureurs speciaux, pour ensemblement, ou deux de vous, en l'absence des autres, faire en nostre nom, vente, cession, transport, & alienation à faculté de rachat perpetuel, ausdits Preuost des Marchands, & Escheuins de nostre-dite ville de Paris, desdits quatre vingts seize mil liures de rente, annuelle, & perpetuelle, au denier seize, à icelle auoir, & prendre, comme dit est, tant sur l'augmentation des droits qui se leueront sur le bois à bruler, bastir, merrain, ouuré, & non ouuré, vendu, & débité en ladite Ville & Fauxbours de Paris, que sur le reuenu de la Ferme Generale de nos Aydes, pour par lesdits Preuost des Marchands, & Escheuins, vendre, & constituër Rentes à toutes personnes qui en voudront acquerir de gré à gré, sur ladite asignation, à ladite raison du denier seize: Et les deniers qui prouiendront des Ventes, & Constitutions particulieres qui seront ainsi faites, reçeus par Me François Petit, Receueur General, & Payeur des Rentes de nostre dite ville de Paris, asignées sur lesdits Aydes, par nous Commis à la nomination desdits Preuost des Marchands, &

Eſcheuins, pour eſtre par luy mis és mains du Threſorier de noſtre Eſpargne, qui les employera ainſi qu'il luy ſera ordonné, pour deſdits quatre vingts ſeize mil liures de rente, iouyr par leſdits Acquereurs, leurs hoirs, ſucceſſeurs, ou ayans cauſe, du iour & datte des Conſtitutions qui leur en ſeront paſſées pardeuant deux Notaires du Chaſtelet de Paris, par leſdits Preuoſt des Marchands, & Eſcheuins, & eſtre payez par chacun an, és quatre quartiers, quinze iours apres chacun d'iceux eſcheu, par les Receueurs, & Payeurs, des nouuelles Rentes de ladite Ville, aſsignées ſur leſdits Aydes, creez par Edit du mois de Mars, mil ſix cents trente-deux, & leurs ſucceſſeurs eſdites charges, ou le Commis au payement d'icelles. Lequel payement nous voulons eſtre fait ainſi qu'il ſe pratique pour leſdites nouuelles Rentes, & que le payement deſdits quatre-vingts ſeize mil liures de rente ſoit continüé, & fait par les quatre quartiers, de l'année entierement, ſans qu'icelles Rentes, ny partie, puiſſent eſtre retranchées, moderées, ny ledit payement reculé, & retardé, pour quelque cauſe que ce ſoit : Pour ſeureté du payement deſquelles Rentes, le Fermier de ladite augmentation des droits qui ſe leueront ſur le bois à bruler, baſtir, merrain, ouuré, & non ouuré, vendu, & débité en ladite Ville, & Faux-bours de Paris, & ſes ſucceſſeurs, s'obligeront, & bailleront caution auſdits Preuoſt des Marchands,

& Eschevins, de fournir ausdits Receueurs, & Payeurs desdites nouuelles Rentes, par chacun an, ladite somme de quatre-vingts seize mil liures tournois, ensemble la somme de quatre mil liures, à quoy nous auons reglé les espices, façon, reddition de comptes, doubles d'iceux, entretenement de Commis, & autres frais qu'il conuient faire pour le payement desdites Rentes : Laquelle somme ne pourra estre augmentée, ne diminüée, pour vne plus grande, ou moindre quantité de feüillets des comptes de ladite Constitution, lesquels seront faits, & dressez, conformément audit Edit de création desdits Offices de Payeurs des nouuelles Rentes, dudit mois de Mars, mil six cents trente-deux: Et à ce faire seront lesdits

lesdits Fermiers, leurs cautions, & certificateurs, contraints comme pour nos propres deniers, & affaires: Et pour cét effet nous voulons, & ordonnons, que dans nos estats de ladite imposition, & reuenu general de nosdits Aydes, il soit par chacun an employé en despense lesdits quatre-vingts seize mil liures, ensemble lesdits quatre mil liures, pour les espices, façon, & redition dudit compte, entretenement de Commis, & autres frais: Lesquels quatrevingts seize mil liures de rente, qui seront constituez ausdits Particuliers par lesdits Preuost des Marchands, & Escheuins, les Constitutions qui seront ainsi faites, nous auons dés à present, comme pour lors agréées, icelles ratifiées, & approuuées, ratiſions, & approuuons par ces preſentes, ainſi qu'il ſera par noſdits Procureurs plus amplement conuenu, & accordé: Et pour les frais qu'il conuiendra faire audit Petit, pour la recette, & deſpenſe du prix principal de ladite Conſtitution, eſpices, façon, & redition du compte qu'il rendra en noſtre-dite Chambre des Comptes, il luy ſera pour cét effet laiſſé fonds neceſſaire des deniers qui prouiendront de ladite Conſtitution, enſemble pour les ſalaires des Notaires qui paſſeront leſdits contrats, leſquels nous auons reglez, & taxez, à douze liures pour chacun contrat, y compris les vacations, & doubles qu'ils en bailleront audit Petit, & encores pour les ſalaires, & vacations deſdits Preuoſt des

Marchands, & Escheuins, & taxations dudit Petit : Pour seureté de toutes lesquelles choses susdites, vous passerez tous cōtrats, & autres actes necessaires : De ce faire, & accomplir, vous auons donné, & donnons pouuoir, puissance, authorité, & mandement special. PROMETTONS en foy, & parole de Roy, par ces presentes, sous l'obligation, & ypotheque, de tous, & chacuns nos reuenus de la Ferme de ladite imposition, & Ferme Generale de nos Aydes, que nous auons pour cét effet affectez, & obligez, à nostre-dite ville de Paris, & Particuliers, qui fourniront leurs deniers pour lesdites Constitutions, auoir agreable, ferme, & stable, tout ce que par vous aura esté fait, & passé, & en faire expedier toutes Lettres de ratification, indemnité, & autres ſeuretez neceſſaires; Car tel eſt noſtre plaiſir. Donné à Paris le dix-huitiéme iour de Fevrier, l'an de grace, mil ſix cents trente-quatre, & de noſtre regne le vingt-quatriéme, ainſi ſigné, Louys, & plus bas, par le Roy, Delomenie, & ſellé ſur ſimple queuë de cire jaulne. Et ont leſdits Seigneurs Procureurs cy-deſſus nommez, & leſdits Sieurs Preuoſt des Marchands, & Eſcheuins, ſigné la minute des preſentes, demeurée pardeuers, & en la poſſeſsion dudit Boucot, l'vn deſdits Notaires ſousſignez. Et le vingt-cinquiéme iour deſdits mois, & an, Meſsire Charles Brulart Cheualier, Sieur de Leon, Conſeiller du Roy en ſes Conſeils d'Eſtat, & Priué, comme l'vn des

Procureurs nommez, par la Procuration cy-dessus a declaré auoir le present contrat pour agreable. Fait les an, & iour susdits : Et a ledit Sieur de Leon signé la minute du present Acte, estant au marge de celle dudit contrat cy-deuant escrit, ainsi signé, Fournier, & Boucot.

Collationné aux originaux par moy Conseiller, Secretaire du Roy, & de ses Finances.

www.ingramcontent.com/pod-product-compliance
Ingram Content Group UK Ltd.
Pitfield, Milton Keynes, MK11 3LW, UK
UKHW031953260826
14628UKWH00005B/2015

9 782329 603865